Dziennik pokładowy noworodka

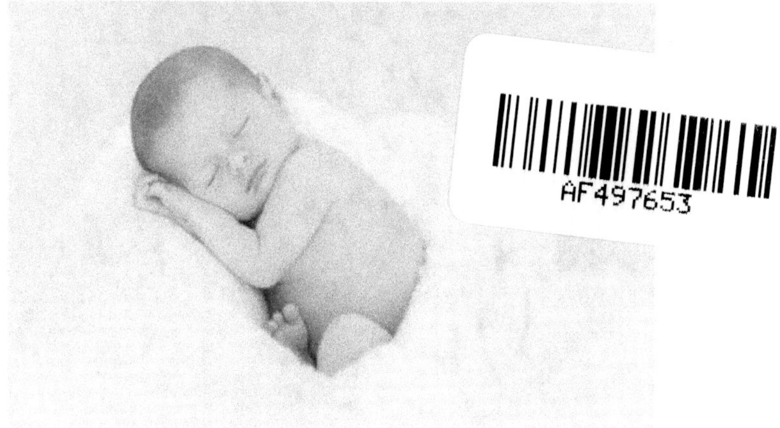

TA KSIĄŻKA NALEŻY DO

Ten dziennik noworodka pomoże Ci w śledzeniu dnia Twojego dziecka. Zmiany pieluch, harmonogramy snu, karmienia, aktywności, nastrój dziecka, leki i notatki są zawarte.

Dziennik pokładowy noworodka

NASTRÓJ DZIECKA   😁 ☹️ 😌 😐 😠   **DATA**

ŻYWNOŚĆ

AM

Czas	Żywność	Kwota		Czas	Żywność	Kwota

PM

KWOTA

AM

Początek	Koniec	Czas trwania		Początek	Koniec	Czas trwania

PM

PIELUCHA

siku	kupa	Czas		siku	kupa	Czas
◯	◯	———		◯	◯	———
◯	◯	———		◯	◯	———
◯	◯	———		◯	◯	———

NOTATKI Z ZAJĘĆ

Dziennik pokładowy noworodka

NASTRÓJ DZIECKA 😁 ☹️ 😌 😐 😠 **DATA**

ŻYWNOŚĆ

AM

Czas	Żywność	Kwota		Czas	Żywność	Kwota

PM

KWOTA

AM

Początek	Koniec	Czas trwania		Początek	Koniec	Czas trwania

PM

PIELUCHA

siku	kupa	Czas		siku	kupa	Czas

NOTATKI Z ZAJĘĆ

Dziennik pokładowy noworodka

NASTRÓJ DZIECKA   **DATA**

AM **ŻYWNOŚĆ** **PM**

Czas	Żywność	Kwota		Czas	Żywność	Kwota

KWOTA

AM **PM**

Początek	Koniec	Czas trwania		Początek	Koniec	Czas trwania

PIELUCHA

siku	kupa	Czas		siku	kupa	Czas
○	○			○	○	
○	○			○	○	
○	○			○	○	

NOTATKI Z ZAJĘĆ

Dziennik pokładowy noworodka

NASTRÓJ DZIECKA   😁 ☹️ 😌 😐 😠   **DATA**

ŻYWNOŚĆ

AM				PM		
Czas	Żywność	Kwota		Czas	Żywność	Kwota
___	___	___		___	___	___
___	___	___		___	___	___
___	___	___		___	___	___
___	___	___		___	___	___
___	___	___		___	___	___

KWOTA

AM				PM		
Początek	Koniec	Czas trwania		Początek	Koniec	Czas trwania
___	___	___		___	___	___
___	___	___		___	___	___
___	___	___		___	___	___
___	___	___		___	___	___

PIELUCHA

siku	kupa	Czas		siku	kupa	Czas
◯	◯	___		◯	◯	___
◯	◯	___		◯	◯	___
◯	◯	___		◯	◯	___

NOTATKI Z ZAJĘĆ

Dziennik pokładowy noworodka

NASTRÓJ DZIECKA   😁 ☹ 😌 😐 😠   **DATA**

ŻYWNOŚĆ

AM

Czas	Żywność	Kwota

PM

Czas	Żywność	Kwota

KWOTA

AM

Początek	Koniec	Czas trwania

PM

Początek	Koniec	Czas trwania

PIELUCHA

siku	kupa	Czas
○	○	
○	○	
○	○	

siku	kupa	Czas
○	○	
○	○	
○	○	

NOTATKI Z ZAJĘĆ

Dziennik pokładowy noworodka

NASTRÓJ DZIECKA

😁 ☹️ 😌 😐 😠

DATA

ŻYWNOŚĆ

AM

Czas	Żywność	Kwota		Czas	Żywność	Kwota

PM

KWOTA

AM

Początek	Koniec	Czas trwania		Początek	Koniec	Czas trwania

PM

PIELUCHA

siku	kupa	Czas		siku	kupa	Czas
○	○	——		○	○	——
○	○	——		○	○	——
○	○	——		○	○	——

NOTATKI Z ZAJĘĆ

Dziennik pokładowy noworodka

NASTRÓJ DZIECKA 😁 ☹ 😌 😐 😠 **DATA**

ŻYWNOŚĆ

AM				**PM**		
Czas	Żywność	Kwota		Czas	Żywność	Kwota
———	———	———		———	———	———
———	———	———		———	———	———
———	———	———		———	———	———
———	———	———		———	———	———
———	———	———		———	———	———

KWOTA

AM				**PM**		
Początek	Koniec	Czas trwania		Początek	Koniec	Czas trwania
———	———	———		———	———	———
———	———	———		———	———	———
———	———	———		———	———	———
———	———	———		———	———	———
———	———	———		———	———	———

PIELUCHA

siku	kupa	Czas		siku	kupa	Czas
O	O	———		O	O	———
O	O	———		O	O	———
O	O	———		O	O	———

NOTATKI Z ZAJĘĆ

Dziennik pokładowy noworodka

NASTRÓJ DZIECKA 😁 ☹️ 😌 😐 😠 **DATA**

AM ŻYWNOŚĆ PM

Czas	Żywność	Kwota		Czas	Żywność	Kwota

KWOTA

AM | **PM**

Początek	Koniec	Czas trwania		Początek	Koniec	Czas trwania

PIELUCHA

siku kupa Czas | siku kupa Czas

siku	kupa	Czas		siku	kupa	Czas
○	○	———		○	○	———
○	○	———		○	○	———
○	○	———		○	○	———

NOTATKI Z ZAJĘĆ

Dziennik pokładowy noworodka

NASTRÓJ DZIECKA

😁 ☹️ 😌 😐 😠

DATA

ŻYWNOŚĆ

AM

Czas	Żywność	Kwota

PM

Czas	Żywność	Kwota

KWOTA

AM

Początek	Koniec	Czas trwania

PM

Początek	Koniec	Czas trwania

PIELUCHA

siku	kupa	Czas		siku	kupa	Czas
○	○			○	○	
○	○			○	○	
○	○			○	○	

NOTATKI Z ZAJĘĆ

Dziennik pokładowy noworodka

NASTRÓJ DZIECKA

DATA

ŻYWNOŚĆ

AM				PM		
Czas	Żywność	Kwota		Czas	Żywność	Kwota

KWOTA

AM				PM		
Początek	Koniec	Czas trwania		Początek	Koniec	Czas trwania

PIELUCHA

siku	kupa	Czas		siku	kupa	Czas
○	○	———		○	○	———
○	○	———		○	○	———
○	○	———		○	○	———

NOTATKI Z ZAJĘĆ

Dziennik pokładowy noworodka

NASTRÓJ DZIECKA 😁 ☹️ 😌 😐 😠

DATA

ŻYWNOŚĆ

AM				PM		
Czas	Żywność	Kwota		Czas	Żywność	Kwota

KWOTA

AM				PM		
Początek	Koniec	Czas trwania		Początek	Koniec	Czas trwania

PIELUCHA

siku	kupa	Czas		siku	kupa	Czas
○	○	———		○	○	———
○	○	———		○	○	———
○	○	———		○	○	———

NOTATKI Z ZAJĘĆ

Dziennik pokładowy noworodka

NASTRÓJ DZIECKA

DATA

ŻYWNOŚĆ

AM

Czas	Żywność	Kwota

PM

Czas	Żywność	Kwota

KWOTA

AM

Początek	Koniec	Czas trwania

PM

Początek	Koniec	Czas trwania

PIELUCHA

siku	kupa	Czas	siku	kupa	Czas
○	○		○	○	
○	○		○	○	
○	○		○	○	

NOTATKI Z ZAJĘĆ

Dziennik pokładowy noworodka

NASTRÓJ DZIECKA 😁 ☹ 😌 😐 😠   **DATA**

ŻYWNOŚĆ

AM

Czas	Żywność	Kwota		Czas	Żywność	Kwota

PM

KWOTA

AM

Początek	Koniec	Czas trwania		Początek	Koniec	Czas trwania

PM

PIELUCHA

siku kupa Czas   siku kupa Czas

NOTATKI Z ZAJĘĆ

Dziennik pokładowy noworodka

NASTRÓJ DZIECKA 😁 ☹ 😌 😐 😠 **DATA**

ŻYWNOŚĆ

AM				PM	
Czas	Żywność	Kwota	Czas	Żywność	Kwota

KWOTA

AM				PM	
Początek	Koniec	Czas trwania	Początek	Koniec	Czas trwania

PIELUCHA

siku	kupa	Czas		siku	kupa	Czas
○	○	——		○	○	——
○	○	——		○	○	——
○	○	——		○	○	——

NOTATKI Z ZAJĘĆ

Dziennik pokładowy noworodka

NASTRÓJ DZIECKA 😁 ☹ 😌 😐 😠

DATA

AM ŻYWNOŚĆ **PM**

Czas	Żywność	Kwota		Czas	Żywność	Kwota

KWOTA

AM **PM**

Początek	Koniec	Czas trwania		Początek	Koniec	Czas trwania

PIELUCHA

siku	kupa	Czas		siku	kupa	Czas
○	○	——		○	○	——
○	○	——		○	○	——
○	○	——		○	○	——

NOTATKI Z ZAJĘĆ

Dziennik pokładowy noworodka

NASTRÓJ DZIECKA

😁 🙁 😌 😐 😠

DATA

AM — ŻYWNOŚĆ — PM

Czas	Żywność	Kwota		Czas	Żywność	Kwota

KWOTA

AM

Początek	Koniec	Czas trwania		Początek	Koniec	Czas trwania

PM

PIELUCHA

siku	kupa	Czas		siku	kupa	Czas
○	○			○	○	
○	○			○	○	
○	○			○	○	

NOTATKI Z ZAJĘĆ

Dziennik pokładowy noworodka

NASTRÓJ DZIECKA

DATA

AM

ŻYWNOŚĆ

PM

Czas	Żywność	Kwota		Czas	Żywność	Kwota

KWOTA

AM

PM

Początek	Koniec	Czas trwania		Początek	Koniec	Czas trwania

PIELUCHA

siku	kupa	Czas		siku	kupa	Czas
○	○			○	○	
○	○			○	○	
○	○			○	○	

NOTATKI Z ZAJĘĆ

Dziennik pokładowy noworodka

NASTRÓJ DZIECKA   😁 ☹ 😌 😐 😠   **DATA**

ŻYWNOŚĆ

AM

Czas	Żywność	Kwota		Czas	Żywność	Kwota

PM

KWOTA

AM

Początek	Koniec	Czas trwania		Początek	Koniec	Czas trwania

PM

PIELUCHA

siku kupa Czas   siku kupa Czas

NOTATKI Z ZAJĘĆ

Dziennik pokładowy noworodka

NASTRÓJ DZIECKA 😁 ☹️ 😌 😐 😠 **DATA**

ŻYWNOŚĆ

AM

Czas	Żywność	Kwota		Czas	Żywność	Kwota

PM

KWOTA

AM

Początek	Koniec	Czas trwania		Początek	Koniec	Czas trwania

PM

PIELUCHA

siku kupa Czas | siku kupa Czas

○ ○ —— | ○ ○ ——
○ ○ —— | ○ ○ ——
○ ○ —— | ○ ○ ——

NOTATKI Z ZAJĘĆ

Dziennik pokładowy noworodka

NASTRÓJ DZIECKA 😁 ☹️ 😌 😐 😠   **DATA**

AM   **ŻYWNOŚĆ**   **PM**

Czas	Żywność	Kwota		Czas	Żywność	Kwota

KWOTA

AM   **PM**

Początek	Koniec	Czas trwania		Początek	Koniec	Czas trwania

PIELUCHA

siku	kupa	Czas		siku	kupa	Czas
○	○			○	○	
○	○			○	○	
○	○			○	○	

NOTATKI Z ZAJĘĆ

Dziennik pokładowy noworodka

NASTRÓJ DZIECKA

😁 ☹️ 😌 😐 😠

DATA

ŻYWNOŚĆ

AM				PM		
Czas	Żywność	Kwota		Czas	Żywność	Kwota
——	——	——		——	——	——
——	——	——		——	——	——
——	——	——		——	——	——
——	——	——		——	——	——
——	——	——		——	——	——

KWOTA

AM				PM		
Początek	Koniec	Czas trwania		Początek	Koniec	Czas trwania
——	——	——		——	——	——
——	——	——		——	——	——
——	——	——		——	——	——
——	——	——		——	——	——
——	——	——		——	——	——

PIELUCHA

siku	kupa	Czas		siku	kupa	Czas
○	○	——		○	○	——
○	○	——		○	○	——
○	○	——		○	○	——

NOTATKI Z ZAJĘĆ

Dziennik pokładowy noworodka

NASTRÓJ DZIECKA 😁 ☹ 😌 😐 😠 **DATA**

ŻYWNOŚĆ

AM

Czas	Żywność	Kwota		Czas	Żywność	Kwota

PM

KWOTA

AM

Początek	Koniec	Czas trwania		Początek	Koniec	Czas trwania

PM

PIELUCHA

siku kupa Czas | siku kupa Czas

NOTATKI Z ZAJĘĆ

Dziennik pokładowy noworodka

NASTRÓJ DZIECKA 😁 ☹️ 😌 😐 😠 **DATA**

ŻYWNOŚĆ

AM

Czas	Żywność	Kwota		Czas	Żywność	Kwota

PM

KWOTA

AM

Początek	Koniec	Czas trwania		Początek	Koniec	Czas trwania

PM

PIELUCHA

siku	kupa	Czas		siku	kupa	Czas

NOTATKI Z ZAJĘĆ

Dziennik pokładowy noworodka

NASTRÓJ DZIECKA 😁 ☹️ 😌 😐 😠   **DATA**

AM **ŻYWNOŚĆ** **PM**

Czas	Żywność	Kwota		Czas	Żywność	Kwota
___	___	___		___	___	___
___	___	___		___	___	___
___	___	___		___	___	___
___	___	___		___	___	___
___	___	___		___	___	___

KWOTA

AM **PM**

Początek	Koniec	Czas trwania		Początek	Koniec	Czas trwania
___	___	___		___	___	___
___	___	___		___	___	___
___	___	___		___	___	___
___	___	___		___	___	___
___	___	___		___	___	___

PIELUCHA

siku	kupa	Czas		siku	kupa	Czas
◯	◯	———		◯	◯	———
◯	◯	———		◯	◯	———
◯	◯	———		◯	◯	———

NOTATKI Z ZAJĘĆ

Dziennik pokładowy noworodka

NASTRÓJ DZIECKA 😁 ☹ 😌 😐 😠   **DATA**

ŻYWNOŚĆ

AM

Czas	Żywność	Kwota		Czas	Żywność	Kwota

PM

KWOTA

AM

Początek	Koniec	Czas trwania		Początek	Koniec	Czas trwania

PM

PIELUCHA

siku	kupa	Czas		siku	kupa	Czas

NOTATKI Z ZAJĘĆ

Dziennik pokładowy noworodka

NASTRÓJ DZIECKA

DATA

ŻYWNOŚĆ

AM

Czas	Żywność	Kwota		Czas	Żywność	Kwota

PM

KWOTA

AM

Początek	Koniec	Czas trwania		Początek	Koniec	Czas trwania

PM

PIELUCHA

siku kupa Czas   siku kupa Czas

NOTATKI Z ZAJĘĆ

Dziennik pokładowy noworodka

NASTRÓJ DZIECKA 😁 ☹️ 😌 😐 😠 **DATA**

AM **ŻYWNOŚĆ** **PM**

Czas	Żywność	Kwota		Czas	Żywność	Kwota

KWOTA

AM **PM**

Początek	Koniec	Czas trwania		Początek	Koniec	Czas trwania

PIELUCHA

siku	kupa	Czas		siku	kupa	Czas
○	○	——		○	○	——
○	○	——		○	○	——
○	○	——		○	○	——

NOTATKI Z ZAJĘĆ

Dziennik pokładowy noworodka

NASTRÓJ DZIECKA

DATA

ŻYWNOŚĆ

AM

Czas	Żywność	Kwota		Czas	Żywność	Kwota

PM

KWOTA

AM

Początek	Koniec	Czas trwania		Początek	Koniec	Czas trwania

PM

PIELUCHA

siku	kupa	Czas		siku	kupa	Czas
○	○			○	○	
○	○			○	○	
○	○			○	○	

NOTATKI Z ZAJĘĆ

Dziennik pokładowy noworodka

NASTRÓJ DZIECKA

DATA

ŻYWNOŚĆ

AM

Czas	Żywność	Kwota

PM

Czas	Żywność	Kwota

KWOTA

AM

Początek	Koniec	Czas trwania

PM

Początek	Koniec	Czas trwania

PIELUCHA

siku	kupa	Czas		siku	kupa	Czas
O	O			O	O	
O	O			O	O	
O	O			O	O	

NOTATKI Z ZAJĘĆ

Dziennik pokładowy noworodka

NASTRÓJ DZIECKA

DATA

ŻYWNOŚĆ

	AM				PM	
Czas	Żywność	Kwota		Czas	Żywność	Kwota

KWOTA

	AM				PM	
Początek	Koniec	Czas trwania		Początek	Koniec	Czas trwania

PIELUCHA

siku	kupa	Czas		siku	kupa	Czas

NOTATKI Z ZAJĘĆ

Dziennik pokładowy noworodka

NASTRÓJ DZIECKA

DATA

ŻYWNOŚĆ

AM

Czas	Żywność	Kwota

PM

Czas	Żywność	Kwota

KWOTA

AM

Początek	Koniec	Czas trwania

PM

Początek	Koniec	Czas trwania

PIELUCHA

siku kupa Czas

siku kupa Czas

NOTATKI Z ZAJĘĆ

Dziennik pokładowy noworodka

NASTRÓJ DZIECKA   😁 🙁 😌 😐 😠   **DATA**

ŻYWNOŚĆ

AM

Czas	Żywność	Kwota		Czas	Żywność	Kwota

PM

KWOTA

AM

Początek	Koniec	Czas trwania		Początek	Koniec	Czas trwania

PM

PIELUCHA

siku kupa Czas   siku kupa Czas

NOTATKI Z ZAJĘĆ

Dziennik pokładowy noworodka

NASTRÓJ DZIECKA

DATA

ŻYWNOŚĆ

AM

Czas	Żywność	Kwota

PM

Czas	Żywność	Kwota

KWOTA

AM

Początek	Koniec	Czas trwania

PM

Początek	Koniec	Czas trwania

PIELUCHA

siku	kupa	Czas

siku	kupa	Czas

NOTATKI Z ZAJĘĆ

Dziennik pokładowy noworodka

NASTRÓJ DZIECKA

DATA

ŻYWNOŚĆ

AM				PM	
Czas	Żywność	Kwota	Czas	Żywność	Kwota

KWOTA

AM			PM		
Początek	Koniec	Czas trwania	Początek	Koniec	Czas trwania

PIELUCHA

siku	kupa	Czas	siku	kupa	Czas
O	O		O	O	
O	O		O	O	
O	O		O	O	

NOTATKI Z ZAJĘĆ

Dziennik pokładowy noworodka

NASTRÓJ DZIECKA

DATA

ŻYWNOŚĆ

AM

Czas	Żywność	Kwota

PM

Czas	Żywność	Kwota

KWOTA

AM

Początek	Koniec	Czas trwania

PM

Początek	Koniec	Czas trwania

PIELUCHA

siku	kupa	Czas
○	○	
○	○	
○	○	

siku	kupa	Czas
○	○	
○	○	
○	○	

NOTATKI Z ZAJĘĆ

Dziennik pokładowy noworodka

NASTRÓJ DZIECKA   😁 ☹️ 😌 😐 😠   **DATA**

ŻYWNOŚĆ

AM

Czas	Żywność	Kwota		Czas	Żywność	Kwota

PM

KWOTA

AM

Początek	Koniec	Czas trwania		Początek	Koniec	Czas trwania

PM

PIELUCHA

siku	kupa	Czas		siku	kupa	Czas
◯	◯	——		◯	◯	——
◯	◯	——		◯	◯	——
◯	◯	——		◯	◯	——

NOTATKI Z ZAJĘĆ

Dziennik pokładowy noworodka

NASTRÓJ DZIECKA

DATA

ŻYWNOŚĆ

AM

Czas	Żywność	Kwota

PM

Czas	Żywność	Kwota

KWOTA

AM

Początek	Koniec	Czas trwania

PM

Początek	Koniec	Czas trwania

PIELUCHA

siku kupa Czas

siku kupa Czas

NOTATKI Z ZAJĘĆ

Dziennik pokładowy noworodka

NASTRÓJ DZIECKA

DATA

ŻYWNOŚĆ

AM

Czas	Żywność	Kwota

PM

Czas	Żywność	Kwota

KWOTA

AM

Początek	Koniec	Czas trwania

PM

Początek	Koniec	Czas trwania

PIELUCHA

siku	kupa	Czas

siku	kupa	Czas

NOTATKI Z ZAJĘĆ

Dziennik pokładowy noworodka

NASTRÓJ DZIECKA

DATA

ŻYWNOŚĆ

AM

Czas	Żywność	Kwota		Czas	Żywność	Kwota

PM

KWOTA

AM

Początek	Koniec	Czas trwania		Początek	Koniec	Czas trwania

PM

PIELUCHA

siku	kupa	Czas		siku	kupa	Czas

NOTATKI Z ZAJĘĆ

Dziennik pokładowy noworodka

NASTRÓJ DZIECKA

😁 ☹ 😌 😐 😠

DATA

ŻYWNOŚĆ

AM

Czas	Żywność	Kwota

PM

Czas	Żywność	Kwota

KWOTA

AM

Początek	Koniec	Czas trwania

PM

Początek	Koniec	Czas trwania

PIELUCHA

siku	kupa	Czas
○	○	
○	○	
○	○	

siku	kupa	Czas
○	○	
○	○	
○	○	

NOTATKI Z ZAJĘĆ

Dziennik pokładowy noworodka

NASTRÓJ DZIECKA

DATA

ŻYWNOŚĆ

AM

Czas	Żywność	Kwota

PM

Czas	Żywność	Kwota

KWOTA

AM

Początek	Koniec	Czas trwania

PM

Początek	Koniec	Czas trwania

PIELUCHA

siku	kupa	Czas
○	○	
○	○	
○	○	

siku	kupa	Czas
○	○	
○	○	
○	○	

NOTATKI Z ZAJĘĆ

Dziennik pokładowy noworodka

NASTRÓJ DZIECKA

AM

ŻYWNOŚĆ

PM

DATA

Czas	Żywność	Kwota		Czas	Żywność	Kwota

KWOTA

AM

Początek	Koniec	Czas trwania		Początek	Koniec	Czas trwania

PM

PIELUCHA

siku	kupa	Czas		siku	kupa	Czas
O	O	——		O	O	——
O	O	——		O	O	——
O	O	——		O	O	——

NOTATKI Z ZAJĘĆ

Dziennik pokładowy noworodka

NASTRÓJ DZIECKA 😁 ☹ 😌 😐 😠   **DATA**

ŻYWNOŚĆ

AM

| Czas | Żywność | Kwota | | Czas | Żywność | Kwota |

PM

KWOTA

AM

| Początek | Koniec | Czas trwania | | Początek | Koniec | Czas trwania |

PM

PIELUCHA

siku kupa Czas   siku kupa Czas

NOTATKI Z ZAJĘĆ

Dziennik pokładowy noworodka

NASTRÓJ DZIECKA

DATA

AM — **ŻYWNOŚĆ** — **PM**

Czas	Żywność	Kwota		Czas	Żywność	Kwota

KWOTA

AM — **PM**

Początek	Koniec	Czas trwania		Początek	Koniec	Czas trwania

PIELUCHA

siku	kupa	Czas		siku	kupa	Czas

NOTATKI Z ZAJĘĆ

Dziennik pokładowy noworodka

NASTRÓJ DZIECKA 😁 ☹️ 😌 😐 😠 **DATA**

ŻYWNOŚĆ

AM				PM		
Czas	Żywność	Kwota		Czas	Żywność	Kwota
———	———	———		———	———	———
———	———	———		———	———	———
———	———	———		———	———	———
———	———	———		———	———	———
———	———	———		———	———	———
———	———	———		———	———	———

KWOTA

AM				PM		
Początek	Koniec	Czas trwania		Początek	Koniec	Czas trwania
———	———	———		———	———	———
———	———	———		———	———	———
———	———	———		———	———	———
———	———	———		———	———	———
———	———	———		———	———	———

PIELUCHA

siku	kupa	Czas		siku	kupa	Czas
◯	◯	———		◯	◯	———
◯	◯	———		◯	◯	———
◯	◯	———		◯	◯	———

NOTATKI Z ZAJĘĆ

Dziennik pokładowy noworodka

NASTRÓJ DZIECKA

DATA

AM	**ŻYWNOŚĆ**			PM	
Czas	Żywność	Kwota	Czas	Żywność	Kwota

KWOTA

AM			PM		
Początek	Koniec	Czas trwania	Początek	Koniec	Czas trwania

PIELUCHA

siku	kupa	Czas	siku	kupa	Czas

NOTATKI Z ZAJĘĆ

Dziennik pokładowy noworodka

NASTRÓJ DZIECKA

DATA

AM

ŻYWNOŚĆ

PM

Czas	Żywność	Kwota		Czas	Żywność	Kwota

AM

KWOTA

PM

Początek	Koniec	Czas trwania		Początek	Koniec	Czas trwania

PIELUCHA

siku kupa Czas | siku kupa Czas

NOTATKI Z ZAJĘĆ

Dziennik pokładowy noworodka

NASTRÓJ DZIECKA 😁 ☹️ 😌 😐 😠 **DATA**

AM   **ŻYWNOŚĆ**   **PM**

Czas	Żywność	Kwota		Czas	Żywność	Kwota

KWOTA

AM   **PM**

Początek	Koniec	Czas trwania		Początek	Koniec	Czas trwania

PIELUCHA

siku	kupa	Czas		siku	kupa	Czas
O	O			O	O	
O	O			O	O	
O	O			O	O	

NOTATKI Z ZAJĘĆ

Dziennik pokładowy noworodka

NASTRÓJ DZIECKA 😁 ☹ 😌 😐 😠 **DATA**

AM   ŻYWNOŚĆ   PM

Czas	Żywność	Kwota		Czas	Żywność	Kwota

AM   KWOTA   PM

Początek	Koniec	Czas trwania		Początek	Koniec	Czas trwania

PIELUCHA

siku	kupa	Czas		siku	kupa	Czas
○	○	——		○	○	——
○	○	——		○	○	——
○	○	——		○	○	——

NOTATKI Z ZAJĘĆ

Dziennik pokładowy noworodka

NASTRÓJ DZIECKA

DATA

AM ŻYWNOŚĆ **PM**

Czas	Żywność	Kwota		Czas	Żywność	Kwota

KWOTA

AM **PM**

Początek	Koniec	Czas trwania		Początek	Koniec	Czas trwania

PIELUCHA

siku	kupa	Czas		siku	kupa	Czas

NOTATKI Z ZAJĘĆ

Dziennik pokładowy noworodka

NASTRÓJ DZIECKA

DATA

ŻYWNOŚĆ

AM

Czas	Żywność	Kwota

PM

Czas	Żywność	Kwota

KWOTA

AM

Początek	Koniec	Czas trwania

PM

Początek	Koniec	Czas trwania

PIELUCHA

siku	kupa	Czas
○	○	
○	○	
○	○	

siku	kupa	Czas
○	○	
○	○	
○	○	

NOTATKI Z ZAJĘĆ

Dziennik pokładowy noworodka

NASTRÓJ DZIECKA

DATA

ŻYWNOŚĆ

AM

Czas	Żywność	Kwota

PM

Czas	Żywność	Kwota

KWOTA

AM

Początek	Koniec	Czas trwania

PM

Początek	Koniec	Czas trwania

PIELUCHA

siku	kupa	Czas
O	O	
O	O	
O	O	

siku	kupa	Czas
O	O	
O	O	
O	O	

NOTATKI Z ZAJĘĆ

Dziennik pokładowy noworodka

NASTRÓJ DZIECKA   😁 ☹️ 😌 😐 😠

DATA

ŻYWNOŚĆ

AM

Czas	Żywność	Kwota		Czas	Żywność	Kwota

PM

KWOTA

AM

Początek	Koniec	Czas trwania		Początek	Koniec	Czas trwania

PM

PIELUCHA

siku	kupa	Czas		siku	kupa	Czas
○	○	——		○	○	——
○	○	——		○	○	——
○	○	——		○	○	——

NOTATKI Z ZAJĘĆ

Dziennik pokładowy noworodka

NASTRÓJ DZIECKA

DATA

AM ŻYWNOŚĆ PM

Czas	Żywność	Kwota		Czas	Żywność	Kwota

KWOTA

AM PM

Początek	Koniec	Czas trwania		Początek	Koniec	Czas trwania

PIELUCHA

siku	kupa	Czas		siku	kupa	Czas
O	O	——		O	O	——
O	O	——		O	O	——
O	O	——		O	O	——

NOTATKI Z ZAJĘĆ

Dziennik pokładowy noworodka

NASTRÓJ DZIECKA

DATA

ŻYWNOŚĆ

AM

Czas	Żywność	Kwota

PM

Czas	Żywność	Kwota

KWOTA

AM

Początek	Koniec	Czas trwania

PM

Początek	Koniec	Czas trwania

PIELUCHA

siku	kupa	Czas
○	○	
○	○	
○	○	

siku	kupa	Czas
○	○	
○	○	
○	○	

NOTATKI Z ZAJĘĆ

Dziennik pokładowy noworodka

NASTRÓJ DZIECKA

DATA

ŻYWNOŚĆ

AM

Czas	Żywność	Kwota

PM

Czas	Żywność	Kwota

KWOTA

AM

Początek	Koniec	Czas trwania

PM

Początek	Koniec	Czas trwania

PIELUCHA

siku	kupa	Czas
O	O	
O	O	
O	O	

siku	kupa	Czas
O	O	
O	O	
O	O	

NOTATKI Z ZAJĘĆ

Dziennik pokładowy noworodka

NASTRÓJ DZIECKA

DATA

ŻYWNOŚĆ

AM

Czas	Żywność	Kwota

PM

Czas	Żywność	Kwota

KWOTA

AM

Początek	Koniec	Czas trwania

PM

Początek	Koniec	Czas trwania

PIELUCHA

siku	kupa	Czas
○	○	
○	○	
○	○	

siku	kupa	Czas
○	○	
○	○	
○	○	

NOTATKI Z ZAJĘĆ

Dziennik pokładowy noworodka

NASTRÓJ DZIECKA

DATA

ŻYWNOŚĆ

AM

Czas	Żywność	Kwota

PM

Czas	Żywność	Kwota

KWOTA

AM

Początek	Koniec	Czas trwania

PM

Początek	Koniec	Czas trwania

PIELUCHA

siku	kupa	Czas
○	○	
○	○	
○	○	

siku	kupa	Czas
○	○	
○	○	
○	○	

NOTATKI Z ZAJĘĆ

Dziennik pokładowy noworodka

NASTRÓJ DZIECKA

DATA

ŻYWNOŚĆ

AM

Czas	Żywność	Kwota		Czas	Żywność	Kwota

PM

KWOTA

AM

Początek	Koniec	Czas trwania		Początek	Koniec	Czas trwania

PM

PIELUCHA

siku	kupa	Czas		siku	kupa	Czas

NOTATKI Z ZAJĘĆ

Dziennik pokładowy noworodka

NASTRÓJ DZIECKA 😁 ☹️ 😌 😐 😠 **DATA**

ŻYWNOŚĆ

AM

Czas	Żywność	Kwota		Czas	Żywność	Kwota

PM

KWOTA

AM

Początek	Koniec	Czas trwania		Początek	Koniec	Czas trwania

PM

PIELUCHA

siku	kupa	Czas		siku	kupa	Czas
○	○			○	○	
○	○			○	○	
○	○			○	○	

NOTATKI Z ZAJĘĆ

Dziennik pokładowy noworodka

NASTRÓJ DZIECKA

😁 ☹ 😌 😐 😠

DATA

ŻYWNOŚĆ

AM

Czas	Żywność	Kwota
———	———	———
———	———	———
———	———	———
———	———	———
———	———	———

PM

Czas	Żywność	Kwota
———	———	———
———	———	———
———	———	———
———	———	———
———	———	———

KWOTA

AM

Początek	Koniec	Czas trwania
———	———	———
———	———	———
———	———	———
———	———	———
———	———	———

PM

Początek	Koniec	Czas trwania
———	———	———
———	———	———
———	———	———
———	———	———
———	———	———

PIELUCHA

siku	kupa	Czas
○	○	———
○	○	———
○	○	———

siku	kupa	Czas
○	○	———
○	○	———
○	○	———

NOTATKI Z ZAJĘĆ

Dziennik pokładowy noworodka

NASTRÓJ DZIECKA

DATA

ŻYWNOŚĆ

AM

Czas	Żywność	Kwota

PM

Czas	Żywność	Kwota

KWOTA

AM

Początek	Koniec	Czas trwania

PM

Początek	Koniec	Czas trwania

PIELUCHA

siku	kupa	Czas

siku	kupa	Czas

NOTATKI Z ZAJĘĆ

Dziennik pokładowy noworodka

NASTRÓJ DZIECKA 😁 ☹️ 😌 😐 😠

DATA

ŻYWNOŚĆ

AM

Czas	Żywność	Kwota
____	____	____
____	____	____
____	____	____
____	____	____
____	____	____
____	____	____

PM

Czas	Żywność	Kwota
____	____	____
____	____	____
____	____	____
____	____	____
____	____	____
____	____	____

KWOTA

AM

Początek	Koniec	Czas trwania
____	____	____
____	____	____
____	____	____
____	____	____
____	____	____
____	____	____

PM

Początek	Koniec	Czas trwania
____	____	____
____	____	____
____	____	____
____	____	____
____	____	____
____	____	____

PIELUCHA

siku	kupa	Czas		siku	kupa	Czas
○	○	____		○	○	____
○	○	____		○	○	____
○	○	____		○	○	____

NOTATKI Z ZAJĘĆ

Dziennik pokładowy noworodka

NASTRÓJ DZIECKA

😁 ☹️ 😌 😐 😠

DATA

AM	ŻYWNOŚĆ	PM

Czas	Żywność	Kwota		Czas	Żywność	Kwota

KWOTA

AM		Czas trwania		PM		Czas trwania
Początek	Koniec			Początek	Koniec	

PIELUCHA

siku	kupa	Czas		siku	kupa	Czas
○	○	———		○	○	———
○	○	———		○	○	———
○	○	———		○	○	———

NOTATKI Z ZAJĘĆ

Dziennik pokładowy noworodka

NASTRÓJ DZIECKA   😁 ☹️ 😌 😐 😠   **DATA**

ŻYWNOŚĆ

AM

Czas	Żywność	Kwota		Czas	Żywność	Kwota

PM

KWOTA

AM

Początek	Koniec	Czas trwania		Początek	Koniec	Czas trwania

PM

PIELUCHA

siku	kupa	Czas		siku	kupa	Czas
○	○			○	○	
○	○			○	○	
○	○			○	○	

NOTATKI Z ZAJĘĆ

Dziennik pokładowy noworodka

NASTRÓJ DZIECKA 😁 ☹️ 😌 😐 😠 **DATA**

ŻYWNOŚĆ

AM

Czas	Żywność	Kwota		Czas	Żywność	Kwota

PM

KWOTA

AM

Początek	Koniec	Czas trwania		Początek	Koniec	Czas trwania

PM

PIELUCHA

siku kupa Czas   siku kupa Czas

NOTATKI Z ZAJĘĆ

Dziennik pokładowy noworodka

NASTRÓJ DZIECKA   😁 ☹ 😌 😐 😠   **DATA**

ŻYWNOŚĆ

AM

Czas	Żywność	Kwota		Czas	Żywność	Kwota

PM

KWOTA

AM

Początek	Koniec	Czas trwania		Początek	Koniec	Czas trwania

PM

PIELUCHA

siku   kupa   Czas   siku   kupa   Czas

○ ○ ——————   ○ ○ ——————
○ ○ ——————   ○ ○ ——————
○ ○ ——————   ○ ○ ——————

NOTATKI Z ZAJĘĆ

Dziennik pokładowy noworodka

NASTRÓJ DZIECKA

😁 ☹️ 😌 😐 😠

DATA

AM — ŻYWNOŚĆ

Czas	Żywność	Kwota
———	———	———
———	———	———
———	———	———
———	———	———
———	———	———
———	———	———

PM — ŻYWNOŚĆ

Czas	Żywność	Kwota
———	———	———
———	———	———
———	———	———
———	———	———
———	———	———
———	———	———

KWOTA

AM

Początek	Koniec	Czas trwania
———	———	———
———	———	———
———	———	———
———	———	———
———	———	———

PM

Początek	Koniec	Czas trwania
———	———	———
———	———	———
———	———	———
———	———	———
———	———	———

PIELUCHA

siku	kupa	Czas
○	○	———
○	○	———
○	○	———

siku	kupa	Czas
○	○	———
○	○	———
○	○	———

NOTATKI Z ZAJĘĆ

Dziennik pokładowy noworodka

NASTRÓJ DZIECKA 😁 ☹️ 😌 😐 😠   **DATA**

AM   **ŻYWNOŚĆ**   **PM**

Czas	Żywność	Kwota		Czas	Żywność	Kwota

KWOTA

AM   **PM**

Początek	Koniec	Czas trwania		Początek	Koniec	Czas trwania

PIELUCHA

siku	kupa	Czas		siku	kupa	Czas
○	○	——		○	○	——
○	○	——		○	○	——
○	○	——		○	○	——

NOTATKI Z ZAJĘĆ

Dziennik pokładowy noworodka

NASTRÓJ DZIECKA

😁 ☹️ 😌 😐 😠

DATA

ŻYWNOŚĆ

AM

Czas	Żywność	Kwota		Czas	Żywność	Kwota

PM

KWOTA

AM

Początek	Koniec	Czas trwania		Początek	Koniec	Czas trwania

PM

PIELUCHA

siku kupa Czas | siku kupa Czas

NOTATKI Z ZAJĘĆ

Dziennik pokładowy noworodka

NASTRÓJ DZIECKA   😁 ☹ 😌 😐 😠   **DATA**

ŻYWNOŚĆ

AM				PM		
Czas	Żywność	Kwota		Czas	Żywność	Kwota
___	___	___		___	___	___
___	___	___		___	___	___
___	___	___		___	___	___
___	___	___		___	___	___
___	___	___		___	___	___

KWOTA

AM				PM		
Początek	Koniec	Czas trwania		Początek	Koniec	Czas trwania
___	___	___		___	___	___
___	___	___		___	___	___
___	___	___		___	___	___
___	___	___		___	___	___
___	___	___		___	___	___

PIELUCHA

siku	kupa	Czas		siku	kupa	Czas
○	○	___		○	○	___
○	○	___		○	○	___
○	○	___		○	○	___

NOTATKI Z ZAJĘĆ

Dziennik pokładowy noworodka

NASTRÓJ DZIECKA

DATA

ŻYWNOŚĆ

AM

Czas	Żywność	Kwota

PM

Czas	Żywność	Kwota

KWOTA

AM

Początek	Koniec	Czas trwania

PM

Początek	Koniec	Czas trwania

PIELUCHA

siku	kupa	Czas
○	○	
○	○	
○	○	

siku	kupa	Czas
○	○	
○	○	
○	○	

NOTATKI Z ZAJĘĆ

Dziennik pokładowy noworodka

NASTRÓJ DZIECKA

DATA

ŻYWNOŚĆ

AM

Czas	Żywność	Kwota

PM

Czas	Żywność	Kwota

KWOTA

AM

Początek	Koniec	Czas trwania

PM

Początek	Koniec	Czas trwania

PIELUCHA

siku	kupa	Czas
○	○	
○	○	
○	○	

siku	kupa	Czas
○	○	
○	○	
○	○	

NOTATKI Z ZAJĘĆ

Dziennik pokładowy noworodka

NASTRÓJ DZIECKA

DATA

ŻYWNOŚĆ

AM				PM	
Czas	Żywność	Kwota	Czas	Żywność	Kwota

KWOTA

AM			PM		
Początek	Koniec	Czas trwania	Początek	Koniec	Czas trwania

PIELUCHA

siku	kupa	Czas	siku	kupa	Czas
○	○	——	○	○	——
○	○	——	○	○	——
○	○	——	○	○	——

NOTATKI Z ZAJĘĆ

Dziennik pokładowy noworodka

NASTRÓJ DZIECKA

DATA

ŻYWNOŚĆ

	AM				PM	
Czas	Żywność	Kwota		Czas	Żywność	Kwota

KWOTA

	AM				PM	
Początek	Koniec	Czas trwania		Początek	Koniec	Czas trwania

PIELUCHA

siku	kupa	Czas		siku	kupa	Czas
○	○	——		○	○	——
○	○	——		○	○	——
○	○	——		○	○	——

NOTATKI Z ZAJĘĆ

Dziennik pokładowy noworodka

NASTRÓJ DZIECKA

DATA

ŻYWNOŚĆ

AM				PM	
Czas	Żywność	Kwota	Czas	Żywność	Kwota

KWOTA

AM			PM		
Początek	Koniec	Czas trwania	Początek	Koniec	Czas trwania

PIELUCHA

siku	kupa	Czas	siku	kupa	Czas

NOTATKI Z ZAJĘĆ

Dziennik pokładowy noworodka

NASTRÓJ DZIECKA   😁 ☹️ 😌 😐 😠   **DATA**

ŻYWNOŚĆ

AM

Czas	Żywność	Kwota		Czas	Żywność	Kwota

PM

KWOTA

AM

Początek	Koniec	Czas trwania		Początek	Koniec	Czas trwania

PM

PIELUCHA

siku	kupa	Czas		siku	kupa	Czas
○	○			○	○	
○	○			○	○	
○	○			○	○	

NOTATKI Z ZAJĘĆ

Dziennik pokładowy noworodka

NASTRÓJ DZIECKA 😁 ☹️ 😌 😐 😠   **DATA**

AM   **ŻYWNOŚĆ**   **PM**

Czas	Żywność	Kwota		Czas	Żywność	Kwota

AM   **KWOTA**   **PM**

Początek	Koniec	Czas trwania		Początek	Koniec	Czas trwania

PIELUCHA

siku	kupa	Czas		siku	kupa	Czas
○	○			○	○	
○	○			○	○	
○	○			○	○	

NOTATKI Z ZAJĘĆ

Dziennik pokładowy noworodka

NASTRÓJ DZIECKA 😁 ☹️ 😌 😐 😠 **DATA**

ŻYWNOŚĆ

AM

Czas	Żywność	Kwota

PM

Czas	Żywność	Kwota

KWOTA

AM

Początek	Koniec	Czas trwania

PM

Początek	Koniec	Czas trwania

PIELUCHA

siku	kupa	Czas		siku	kupa	Czas
◯	◯			◯	◯	
◯	◯			◯	◯	
◯	◯			◯	◯	

NOTATKI Z ZAJĘĆ

Dziennik pokładowy noworodka

NASTRÓJ DZIECKA

DATA

ŻYWNOŚĆ

AM

Czas	Żywność	Kwota		Czas	Żywność	Kwota

PM

KWOTA

AM

Początek	Koniec	Czas trwania		Początek	Koniec	Czas trwania

PM

PIELUCHA

siku	kupa	Czas		siku	kupa	Czas

NOTATKI Z ZAJĘĆ

Dziennik pokładowy noworodka

NASTRÓJ DZIECKA

DATA

AM — ŻYWNOŚĆ — PM

Czas	Żywność	Kwota		Czas	Żywność	Kwota

KWOTA

AM

PM

Początek	Koniec	Czas trwania		Początek	Koniec	Czas trwania

PIELUCHA

siku	kupa	Czas		siku	kupa	Czas

NOTATKI Z ZAJĘĆ

Dziennik pokładowy noworodka

NASTRÓJ DZIECKA

DATA

ŻYWNOŚĆ

AM

Czas	Żywność	Kwota		Czas	Żywność	Kwota

PM

KWOTA

AM

Początek	Koniec	Czas trwania		Początek	Koniec	Czas trwania

PM

PIELUCHA

siku	kupa	Czas		siku	kupa	Czas

NOTATKI Z ZAJĘĆ

Dziennik pokładowy noworodka

NASTRÓJ DZIECKA 😁 ☹️ 😌 😐 😠 **DATA**

ŻYWNOŚĆ

AM

Czas	Żywność	Kwota		Czas	Żywność	Kwota

PM

KWOTA

AM

Początek	Koniec	Czas trwania		Początek	Koniec	Czas trwania

PM

PIELUCHA

siku kupa Czas   siku kupa Czas

NOTATKI Z ZAJĘĆ

Dziennik pokładowy noworodka

NASTRÓJ DZIECKA

DATA

ŻYWNOŚĆ

AM

Czas	Żywność	Kwota

PM

Czas	Żywność	Kwota

KWOTA

AM

Początek	Koniec	Czas trwania

PM

Początek	Koniec	Czas trwania

PIELUCHA

AM

siku	kupa	Czas
O	O	
O	O	
O	O	

PM

siku	kupa	Czas
O	O	
O	O	
O	O	

NOTATKI Z ZAJĘĆ

Dziennik pokładowy noworodka

NASTRÓJ DZIECKA

DATA

ŻYWNOŚĆ

AM

Czas	Żywność	Kwota
____	____	____
____	____	____
____	____	____
____	____	____
____	____	____

PM

Czas	Żywność	Kwota
____	____	____
____	____	____
____	____	____
____	____	____
____	____	____

KWOTA

AM

Początek	Koniec	Czas trwania
____	____	____
____	____	____
____	____	____
____	____	____
____	____	____

PM

Początek	Koniec	Czas trwania
____	____	____
____	____	____
____	____	____
____	____	____
____	____	____

PIELUCHA

siku	kupa	Czas		siku	kupa	Czas
◯	◯	____		◯	◯	____
◯	◯	____		◯	◯	____
◯	◯	____		◯	◯	____

NOTATKI Z ZAJĘĆ

Dziennik pokładowy noworodka

NASTRÓJ DZIECKA   😁 ☹️ 😌 😐 😠   **DATA**

AM   **ŻYWNOŚĆ**   **PM**

Czas	Żywność	Kwota		Czas	Żywność	Kwota

KWOTA

AM   **PM**

Początek	Koniec	Czas trwania		Początek	Koniec	Czas trwania

PIELUCHA

siku   kupa   Czas   siku   kupa   Czas

NOTATKI Z ZAJĘĆ

Dziennik pokładowy noworodka

NASTRÓJ DZIECKA

DATA

ŻYWNOŚĆ

AM

Czas	Żywność	Kwota

PM

Czas	Żywność	Kwota

KWOTA

AM

Początek	Koniec	Czas trwania

PM

Początek	Koniec	Czas trwania

PIELUCHA

siku kupa Czas

siku kupa Czas

NOTATKI Z ZAJĘĆ

Dziennik pokładowy noworodka

NASTRÓJ DZIECKA

DATA

ŻYWNOŚĆ

AM

Czas	Żywność	Kwota		Czas	Żywność	Kwota

PM

KWOTA

AM

Początek	Koniec	Czas trwania		Początek	Koniec	Czas trwania

PM

PIELUCHA

siku kupa Czas   siku kupa Czas

NOTATKI Z ZAJĘĆ

Dziennik pokładowy noworodka

NASTRÓJ DZIECKA

DATA

ŻYWNOŚĆ

AM

Czas	Żywność	Kwota

PM

Czas	Żywność	Kwota

KWOTA

AM

Początek	Koniec	Czas trwania

PM

Początek	Koniec	Czas trwania

PIELUCHA

siku kupa Czas

siku kupa Czas

NOTATKI Z ZAJĘĆ

Dziennik pokładowy noworodka

NASTRÓJ DZIECKA

DATA

AM

ŻYWNOŚĆ

PM

Czas	Żywność	Kwota		Czas	Żywność	Kwota

KWOTA

AM

PM

Początek	Koniec	Czas trwania		Początek	Koniec	Czas trwania

PIELUCHA

siku	kupa	Czas		siku	kupa	Czas
O	O	——		O	O	——
O	O	——		O	O	——
O	O	——		O	O	——

NOTATKI Z ZAJĘĆ

Dziennik pokładowy noworodka

NASTRÓJ DZIECKA   😁 ☹️ 😌 😐 😠   DATA

ŻYWNOŚĆ

AM				PM		
Czas	Żywność	Kwota		Czas	Żywność	Kwota

KWOTA

AM				PM		
Początek	Koniec	Czas trwania		Początek	Koniec	Czas trwania

PIELUCHA

siku	kupa	Czas		siku	kupa	Czas
○	○	——		○	○	——
○	○	——		○	○	——
○	○	——		○	○	——

NOTATKI Z ZAJĘĆ

Dziennik pokładowy noworodka

NASTRÓJ DZIECKA 😁 ☹️ 😌 😐 😠   **DATA**

AM   **ŻYWNOŚĆ**   **PM**

Czas	Żywność	Kwota		Czas	Żywność	Kwota

KWOTA

AM   **PM**

Początek	Koniec	Czas trwania		Początek	Koniec	Czas trwania

PIELUCHA

siku	kupa	Czas		siku	kupa	Czas
○	○			○	○	
○	○			○	○	
○	○			○	○	

NOTATKI Z ZAJĘĆ

Dziennik pokładowy noworodka

NASTRÓJ DZIECKA 😁 ☹️ 😌 😐 😠   **DATA**

ŻYWNOŚĆ

AM				**PM**		
Czas	Żywność	Kwota		Czas	Żywność	Kwota

KWOTA

AM				**PM**		
Początek	Koniec	Czas trwania		Początek	Koniec	Czas trwania

PIELUCHA

siku	kupa	Czas		siku	kupa	Czas
○	○	———		○	○	———
○	○	———		○	○	———
○	○	———		○	○	———

NOTATKI Z ZAJĘĆ

Dziennik pokładowy noworodka

NASTRÓJ DZIECKA

DATA

AM — ŻYWNOŚĆ — PM

Czas	Żywność	Kwota		Czas	Żywność	Kwota

KWOTA

AM

Początek	Koniec	Czas trwania		Początek	Koniec	Czas trwania

PM

PIELUCHA

siku	kupa	Czas		siku	kupa	Czas

NOTATKI Z ZAJĘĆ

Dziennik pokładowy noworodka

NASTRÓJ DZIECKA   **DATA**

ŻYWNOŚĆ

AM

Czas	Żywność	Kwota

PM

Czas	Żywność	Kwota

KWOTA

AM

Początek	Koniec	Czas trwania

PM

Początek	Koniec	Czas trwania

PIELUCHA

siku	kupa	Czas	siku	kupa	Czas
○	○		○	○	
○	○		○	○	
○	○		○	○	

NOTATKI Z ZAJĘĆ

Dziennik pokładowy noworodka

NASTRÓJ DZIECKA

😁 ☹ 😌 😐 😠

DATA

ŻYWNOŚĆ

AM

Czas	Żywność	Kwota

PM

Czas	Żywność	Kwota

KWOTA

AM

Początek	Koniec	Czas trwania

PM

Początek	Koniec	Czas trwania

PIELUCHA

siku kupa Czas

siku kupa Czas

NOTATKI Z ZAJĘĆ

Dziennik pokładowy noworodka

NASTRÓJ DZIECKA

DATA

ŻYWNOŚĆ

AM

Czas	Żywność	Kwota

PM

Czas	Żywność	Kwota

KWOTA

AM

Początek	Koniec	Czas trwania

PM

Początek	Koniec	Czas trwania

PIELUCHA

siku	kupa	Czas	siku	kupa	Czas
O	O		O	O	
O	O		O	O	
O	O		O	O	

NOTATKI Z ZAJĘĆ

Dziennik pokładowy noworodka

NASTRÓJ DZIECKA

😁 ☹ 😌 😐 😠

DATA

AM — ŻYWNOŚĆ — PM

Czas	Żywność	Kwota		Czas	Żywność	Kwota

KWOTA

	AM				PM	
Początek	Koniec	Czas trwania		Początek	Koniec	Czas trwania

PIELUCHA

siku	kupa	Czas		siku	kupa	Czas
○	○			○	○	
○	○			○	○	
○	○			○	○	

NOTATKI Z ZAJĘĆ

Dziennik pokładowy noworodka

NASTRÓJ DZIECKA 😁 ☹ 😌 😐 😠 **DATA**

ŻYWNOŚĆ

AM				PM		
Czas	Żywność	Kwota		Czas	Żywność	Kwota
___	___	___		___	___	___
___	___	___		___	___	___
___	___	___		___	___	___
___	___	___		___	___	___
___	___	___		___	___	___

KWOTA

AM				PM		
Początek	Koniec	Czas trwania		Początek	Koniec	Czas trwania
___	___	___		___	___	___
___	___	___		___	___	___
___	___	___		___	___	___
___	___	___		___	___	___
___	___	___		___	___	___

PIELUCHA

siku	kupa	Czas		siku	kupa	Czas
○	○	———		○	○	———
○	○	———		○	○	———
○	○	———		○	○	———

NOTATKI Z ZAJĘĆ

Dziennik pokładowy noworodka

NASTRÓJ DZIECKA 😁 ☹️ 😌 😐 😠 **DATA**

AM — ŻYWNOŚĆ — PM

Czas	Żywność	Kwota		Czas	Żywność	Kwota

KWOTA

AM | Czas trwania | **PM** | Czas trwania

Początek	Koniec	Czas trwania		Początek	Koniec	Czas trwania

PIELUCHA

siku kupa Czas | siku kupa Czas

siku	kupa	Czas		siku	kupa	Czas
○	○	———		○	○	———
○	○	———		○	○	———
○	○	———		○	○	———

NOTATKI Z ZAJĘĆ

Dziennik pokładowy noworodka

NASTRÓJ DZIECKA 😁 ☹️ 😌 😐 😠 **DATA**

ŻYWNOŚĆ

AM

Czas	Żywność	Kwota		Czas	Żywność	Kwota

PM

KWOTA

AM

Początek	Koniec	Czas trwania		Początek	Koniec	Czas trwania

PM

PIELUCHA

siku kupa Czas   siku kupa Czas

NOTATKI Z ZAJĘĆ

Dziennik pokładowy noworodka

NASTRÓJ DZIECKA

DATA

ŻYWNOŚĆ

	AM				PM	
Czas	Żywność	Kwota		Czas	Żywność	Kwota

KWOTA

	AM				PM	
Początek	Koniec	Czas trwania		Początek	Koniec	Czas trwania

PIELUCHA

siku	kupa	Czas		siku	kupa	Czas

NOTATKI Z ZAJĘĆ

Dziennik pokładowy noworodka

NASTRÓJ DZIECKA 😁 ☹️ 😌 😐 😠   **DATA**

AM   ŻYWNOŚĆ   PM

Czas	Żywność	Kwota		Czas	Żywność	Kwota

AM   KWOTA   PM

Początek	Koniec	Czas trwania		Początek	Koniec	Czas trwania

PIELUCHA

siku kupa Czas | siku kupa Czas

O O ————   O O ————
O O ————   O O ————
O O ————   O O ————

NOTATKI Z ZAJĘĆ

Dziennik pokładowy noworodka

NASTRÓJ DZIECKA   **DATA**

ŻYWNOŚĆ

AM

Czas	Żywność	Kwota		Czas	Żywność	Kwota

PM

KWOTA

AM

Początek	Koniec	Czas trwania		Początek	Koniec	Czas trwania

PM

PIELUCHA

siku	kupa	Czas		siku	kupa	Czas

NOTATKI Z ZAJĘĆ

Dziennik pokładowy noworodka

NASTRÓJ DZIECKA

DATA

ŻYWNOŚĆ

AM

Czas	Żywność	Kwota

PM

Czas	Żywność	Kwota

KWOTA

AM

Początek	Koniec	Czas trwania

PM

Początek	Koniec	Czas trwania

PIELUCHA

siku	kupa	Czas
○	○	
○	○	
○	○	

siku	kupa	Czas
○	○	
○	○	
○	○	

NOTATKI Z ZAJĘĆ

Dziennik pokładowy noworodka

NASTRÓJ DZIECKA

DATA

ŻYWNOŚĆ

AM

Czas	Żywność	Kwota

PM

Czas	Żywność	Kwota

KWOTA

AM

Początek	Koniec	Czas trwania

PM

Początek	Koniec	Czas trwania

PIELUCHA

siku kupa Czas

siku kupa Czas

NOTATKI Z ZAJĘĆ

Dziennik pokładowy noworodka

NASTRÓJ DZIECKA   😁 ☹️ 😌 😐 😠   **DATA**

| **AM** | | | | **PM** | |

ŻYWNOŚĆ

Czas	Żywność	Kwota		Czas	Żywność	Kwota

KWOTA

AM   **PM**

Początek	Koniec	Czas trwania		Początek	Koniec	Czas trwania

PIELUCHA

siku	kupa	Czas		siku	kupa	Czas
○	○	——		○	○	——
○	○	——		○	○	——
○	○	——		○	○	——

NOTATKI Z ZAJĘĆ

Dziennik pokładowy noworodka

NASTRÓJ DZIECKA

😁 ☹️ 😌 😐 😠

DATA

AM — ŻYWNOŚĆ

Czas	Żywność	Kwota
———	———	———
———	———	———
———	———	———
———	———	———
———	———	———

PM

Czas	Żywność	Kwota
———	———	———
———	———	———
———	———	———
———	———	———
———	———	———

KWOTA

AM

Początek	Koniec	Czas trwania
———	———	———
———	———	———
———	———	———
———	———	———
———	———	———

PM

Początek	Koniec	Czas trwania
———	———	———
———	———	———
———	———	———
———	———	———
———	———	———

PIELUCHA

siku	kupa	Czas		siku	kupa	Czas
○	○	———		○	○	———
○	○	———		○	○	———
○	○	———		○	○	———

NOTATKI Z ZAJĘĆ

Dziennik pokładowy noworodka

NASTRÓJ DZIECKA   😁 ☹️ 😌 😐 😠   **DATA**

AM   ŻYWNOŚĆ   PM

Czas	Żywność	Kwota		Czas	Żywność	Kwota

KWOTA

AM   PM

Początek	Koniec	Czas trwania		Początek	Koniec	Czas trwania

PIELUCHA

siku kupa Czas   siku kupa Czas

NOTATKI Z ZAJĘĆ

Dziennik pokładowy noworodka

NASTRÓJ DZIECKA 😁 🙁 😌 😐 😠

DATA

ŻYWNOŚĆ

AM

Czas	Żywność	Kwota		Czas	Żywność	Kwota

PM

KWOTA

AM

Początek	Koniec	Czas trwania		Początek	Koniec	Czas trwania

PM

PIELUCHA

siku	kupa	Czas		siku	kupa	Czas

NOTATKI Z ZAJĘĆ

Dziennik pokładowy noworodka

NASTRÓJ DZIECKA 😁 ☹ 😌 😐 😠   **DATA**

ŻYWNOŚĆ

AM				**PM**		
Czas	Żywność	Kwota		Czas	Żywność	Kwota

KWOTA

AM				**PM**		
Początek	Koniec	Czas trwania		Początek	Koniec	Czas trwania

PIELUCHA

siku	kupa	Czas		siku	kupa	Czas
○	○	——		○	○	——
○	○	——		○	○	——
○	○	——		○	○	——

NOTATKI Z ZAJĘĆ

Dziennik pokładowy noworodka

NASTRÓJ DZIECKA

DATA

ŻYWNOŚĆ

AM

Czas	Żywność	Kwota

PM

Czas	Żywność	Kwota

KWOTA

AM

Początek	Koniec	Czas trwania

PM

Początek	Koniec	Czas trwania

PIELUCHA

siku	kupa	Czas
○	○	
○	○	
○	○	

siku	kupa	Czas
○	○	
○	○	
○	○	

NOTATKI Z ZAJĘĆ

Dziennik pokładowy noworodka

NASTRÓJ DZIECKA

DATA

ŻYWNOŚĆ

AM

Czas	Żywność	Kwota		Czas	Żywność	Kwota

PM

KWOTA

AM

Początek	Koniec	Czas trwania		Początek	Koniec	Czas trwania

PM

PIELUCHA

siku	kupa	Czas		siku	kupa	Czas
○	○	———		○	○	———
○	○	———		○	○	———
○	○	———		○	○	———

NOTATKI Z ZAJĘĆ

Dziennik pokładowy noworodka

NASTRÓJ DZIECKA 😁 ☹️ 😌 😐 😠   **DATA**

AM   **ŻYWNOŚĆ**   **PM**

Czas	Żywność	Kwota		Czas	Żywność	Kwota

KWOTA

AM   **PM**

Początek	Koniec	Czas trwania		Początek	Koniec	Czas trwania

PIELUCHA

siku kupa Czas   siku kupa Czas

○ ○ ———   ○ ○ ———
○ ○ ———   ○ ○ ———
○ ○ ———   ○ ○ ———

NOTATKI Z ZAJĘĆ

Dziennik pokładowy noworodka

NASTRÓJ DZIECKA

DATA

AM   **ŻYWNOŚĆ**   **PM**

Czas	Żywność	Kwota		Czas	Żywność	Kwota

KWOTA

AM | Początek | Koniec | Czas trwania   **PM** | Początek | Koniec | Czas trwania

PIELUCHA

siku   kupa   Czas   siku   kupa   Czas

NOTATKI Z ZAJĘĆ

Dziennik pokładowy noworodka

NASTRÓJ DZIECKA   😁 ☹ 😌 😐 😠   **DATA**

AM   **ŻYWNOŚĆ**   **PM**

Czas	Żywność	Kwota		Czas	Żywność	Kwota

KWOTA

AM   **PM**

Początek	Koniec	Czas trwania		Początek	Koniec	Czas trwania

PIELUCHA

siku	kupa	Czas		siku	kupa	Czas
○	○			○	○	
○	○			○	○	
○	○			○	○	

NOTATKI Z ZAJĘĆ

Dziennik pokładowy noworodka

NASTRÓJ DZIECKA   **DATA**

ŻYWNOŚĆ

AM

Czas	Żywność	Kwota		Czas	Żywność	Kwota

PM

KWOTA

AM

Początek	Koniec	Czas trwania		Początek	Koniec	Czas trwania

PM

PIELUCHA

siku	kupa	Czas		siku	kupa	Czas
○	○			○	○	
○	○			○	○	
○	○			○	○	

NOTATKI Z ZAJĘĆ

Dziennik pokładowy noworodka

NASTRÓJ DZIECKA

DATA

AM   **ŻYWNOŚĆ**   **PM**

Czas	Żywność	Kwota		Czas	Żywność	Kwota

KWOTA

AM   **PM**

Początek	Koniec	Czas trwania		Początek	Koniec	Czas trwania

PIELUCHA

siku	kupa	Czas		siku	kupa	Czas
○	○			○	○	
○	○			○	○	
○	○			○	○	

NOTATKI Z ZAJĘĆ

Dziennik pokładowy noworodka

NASTRÓJ DZIECKA 😁 ☹ 😌 😐 😠   **DATA**

ŻYWNOŚĆ

AM				**PM**		
Czas	Żywność	Kwota		Czas	Żywność	Kwota

KWOTA

AM				**PM**		
Początek	Koniec	Czas trwania		Początek	Koniec	Czas trwania

PIELUCHA

siku	kupa	Czas		siku	kupa	Czas
◯	◯	——		◯	◯	——
◯	◯	——		◯	◯	——
◯	◯	——		◯	◯	——

NOTATKI Z ZAJĘĆ

Dziennik pokładowy noworodka

NASTRÓJ DZIECKA 😁 ☹ 😌 😐 😠   **DATA**

AM   ŻYWNOŚĆ   PM

Czas	Żywność	Kwota		Czas	Żywność	Kwota

AM   KWOTA   PM

Początek	Koniec	Czas trwania		Początek	Koniec	Czas trwania

PIELUCHA

siku kupa Czas   siku kupa Czas

NOTATKI Z ZAJĘĆ